108 Pensieri di Amma sull'Amore

108 Pensieri di Amma sull'Amore

Pubblicato da
   Mata Amritanandamayi Center
   P.O. Box 613
   San Ramon, CA 94583
   Stati Uniti di America

––––––––––––108 Quotes on Love (Italian) ––––––––

Prima edizione: agosto 2014

In Italia:
   www.amma-italia.it
   amma-italia@amma-italia.it

In India:
   inform@amritapuri.org
   www.amritapuri.org

1

L'amore è la nostra vera essenza. L'amore non ha limiti di casta, religione, razza o nazionalità. Siamo tutti perle infilate sullo stesso filo dell'amore. Risvegliarsi a questa unità e diffondere l'amore è il vero scopo della vita umana. L'amore è la nostra natura intrinseca.

2

Sono davvero innamorato o quello che provo è puro attaccamento? Riflettete profondamente su questa domanda. Ciò che la maggior parte delle persone desidera intensamente è l'oggetto dell'attaccamento, non il vero amore. Così facendo, è come se tradissimo noi stessi: confondiamo l'amore con l'attaccamento. L'amore è il centro e l'attaccamento la periferia: puntate al centro.

3

La bellezza dimora nel cuore. L'amore verso tutti dona la vera bellezza e arricchisce sia chi lo offre che chi lo riceve. La bellezza dei nostri occhi non è nell'eye-liner, ma in uno sguardo colmo di compassione. Il sorriso più bello è quello che illumina un viso traboccante d'amore.

4

La maggior parte di noi pensa solo alle perdite nella vita, dimenticando il bene più grande che si può acquisire: l'amore. Lasciate che la vostra mente si apra completamente e sentirete dentro di voi l'amore con tutto il suo profumo e la sua bellezza.

5

L'amore è alla base di una vita felice ma, consciamente o inconsciamente, dimentichiamo questa verità. Quando le nostre parole e azioni non esprimono amore, è come se ci fosse del miele dentro una roccia: nessuno ne può trarre giovamento. Quando in una famiglia le persone si manifestano amore, la pace e l'armonia regnano nella casa e nella società.

6

Quando vedete gli altri come vedete voi stessi l'individualità scompare. La compassione è il linguaggio che anche il cieco può vedere e il sordo può sentire. Tendere la mano agli emarginati, nutrire gli affamati, rivolgere uno sguardo compassionevole agli afflitti e ai disperati: questo è il linguaggio dell'amore.

7

Se ci impegniamo anima e corpo in un'attività, essa diverrà una straordinaria fonte d'ispirazione. Il risultato di un'azione fatta con amore vibra di luce e di vita. Tale realtà d'amore attrarrà irresistibilmente a sé la mente delle persone.

8

Dietro tutti gli eventi grandiosi e indimenticabili c'è il cuore. L'amore e un atteggiamento altruistico sono la base di tutte le grandi imprese. Dietro ogni giusta causa scoprirete qualcuno che ha rinunciato a tutto e ha consacrato ad essa la propria vita.

9

Quando prendiamo coscienza che tutto l'amore - del marito, della moglie, di un figlio, di una pianta o di un animale per il suo cucciolo - scaturisce da una sola e unica Sorgente Divina, allora il nostro amore comincerà a diffondere, come il chiaro di luna, luce e quiete. Questa consapevolezza porterà armonia nella nostra vita.

10

Trovate la vostra armonia interiore, il magnifico canto della vita e dell'amore. Tendete la mano e servite chi soffre, imparate ad anteporre gli altri a voi stessi. Tuttavia, non innamoratevi del vostro ego in nome del servizio al prossimo. Padroneggiate la mente e l'ego e siate premurosi con tutti: ogni persona è una porta che vi condurrà al Sé.

11

Il lavoro può essere spossante e consumare la nostra energia, mentre l'amore non annoia e non stanca mai. L'amore riempie sempre di più il nostro cuore di energia, rinnova e rigenera ogni cosa. Quando la nostra vita è radicata nell'amore puro, come potremmo mai annoiarci? La noia compare solo quando non c'è amore. L'amore riempie costantemente la vita di nuove scoperte.

12

Quando c'è il vero amore, non manca niente. L'amore stesso ci porterà a uno stato di completo assorbimento. Man mano che crescono in noi l'amore e la determinazione a raggiungere la meta, sapremo spontaneamente perdonare e dimenticare e riusciremo ad acquisire la disposizione al sacrificio.

13

Quanto più grande è la vostra dedizione, tanto più vi aprirete. Più aperti sarete, più amore proverete. Più amore donerete, più grazia riceverete. Sarà questa grazia a condurvi alla meta.

14

Il puro amore è una rinuncia costante: rinunciare a tutto ciò che vi appartiene. Ma cosa vi appartiene realmente? Solo l'ego. L'amore consuma nelle sue fiamme le idee preconcette, i pregiudizi e i giudizi, tutte cose che hanno origine nell'ego.

15

Prendete coscienza che la Beatitudine infinita è nel vostro Sé. Quando esprimete attraverso le vostre azioni l'amore che è in voi, sperimentate la vera felicità.

16

Quando siete felici, il vostro cuore si apre e l'Amore divino può fluire dentro di voi. Quando l'amore sarà dentro di voi, proverete solo felicità. È come un cerchio: la felicità attira l'amore all'interno e l'amore vi permette di essere felici.

17

Se ci immergiamo abbastanza profondamente in noi stessi, scopriremo che lo stesso filo d'amore universale lega tutti gli esseri. L'amore unisce ogni cosa.

18

Non possiamo chiamare fiume una goccia d'acqua: un fiume è formato da tante gocce che scorrono assieme. L'insieme di queste innumerevoli gocce crea il flusso. Tutti insieme, uniti, siamo una forza invincibile. Quando lavoriamo assieme con amore, mano nella mano, è l'energia vitale collettiva e non quella del singolo a scorrere armoniosamente, senza ostacoli. Da questo costante flusso di unità vedremo nascere la pace.

19

Ogni volta che nella vita attraversate un periodo difficile, può esservi utile ricordare queste parole: "Non mi aspetto di ricevere amore dagli altri perché non ho bisogno di essere amato da nessuno. Io sono l'amore stesso. Sono un'inesauribile fonte d'amore che offrirà sempre e solo amore a chiunque si avvicinerà a me".

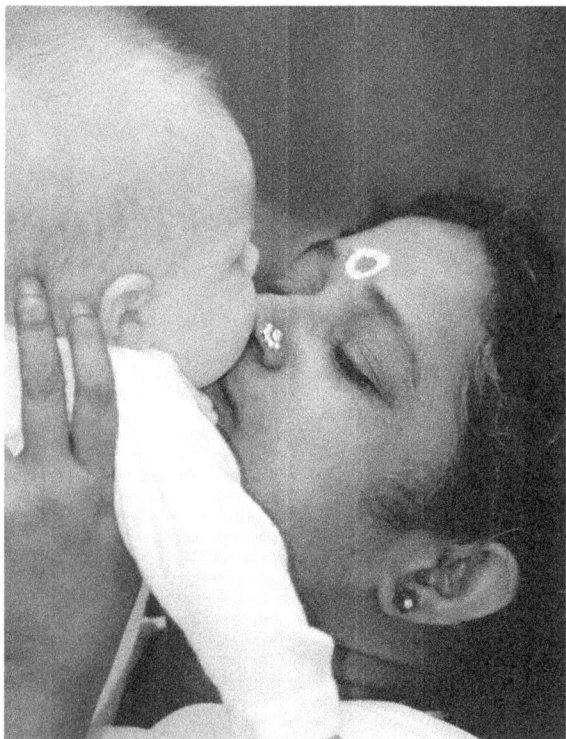

20

Non è possibile rifiutare l'amore vero, potete solo riceverlo con un cuore aperto. Quando un bambino sorride, che sia il figlio di un amico o di un nemico, non potete fare a meno di sorridergli, talmente puro e innocente è il suo amore. L'amore puro è come un bel fiore dal profumo irresistibile.

21

Il potere dell'amore puro è infinito. Nel vero amore si va oltre il corpo, la mente e tutte le paure. L'amore è il respiro dell'anima, è la nostra forza vitale. L'amore puro e innocente rende possibile ogni cosa. Quando il vostro cuore è colmo della pura energia dell'amore, anche il compito più arduo diventa semplice come cogliere un fiore.

22

Più donate amore, più il Divino si manifesta in voi. Proprio come una fonte perenne continua a scorrere indipendentemente da quanta acqua ne attingiamo, più ci mostriamo amorevoli con gli altri, più la nostra bontà crescerà.

23

La vita e l'amore non sono distinti ma inseparabili, come una parola e il suo significato. Nasciamo nell'amore, viviamo nell'amore e alla fine verremo assorbiti nell'amore. La verità è che l'amore non ha fine, la vita può sbocciare e fiorire solo attraverso l'amore. Poiché l'amore è la nostra natura innata, senza il suo potere non è possibile nessuna forma di espressione.

24

L'amore può fare qualunque cosa, non esiste problema che esso non possa risolvere. Può curare le malattie, guarire un cuore ferito e trasformare la mente. Grazie all'amore possiamo superare qualsiasi ostacolo. L'amore può aiutarci ad abbandonare ogni tensione fisica, psichica e mentale, donandoci pace e gioia. L'amore è l'ambrosia che aggiunge bellezza e incanto alla vita.

25

L'amore è una religione universale, quello di cui la società ha realmente bisogno. Dovremmo esprimerlo in tutte le nostre parole e azioni. Per un bambino, l'amore e i valori spirituali ricevuti dai genitori sono la ricchezza più grande perché lo aiuteranno ad affrontare da adulto le prove della vita.

26

In una relazione perfetta tra l'umanità e la natura si genera un campo di energia circolare nel quale l'una fluisce nell'altra. Quando noi esseri umani ci innamoriamo della natura, la natura s'innamora a sua volta di noi e ci svela i suoi segreti. Mostrandoci l'infinito tesoro che ha in serbo, ci permette di godere delle sue ricchezze. Come una madre, ci protegge, ci accudisce e ci nutre.

27

Quando ci amiamo l'un l'altro senza aspettative, perché cercare il paradiso da qualche altra parte? L'amore è il fondamento di una vita felice. Come il nostro corpo ha bisogno di cibo sano per vivere e crescere, così la nostra anima trae nutrimento dall'amore.

28

Non possiamo cambiare la natura degli altri attraverso la collera, solo l'amore può cambiare le persone. Capite questo e cercate di avere simpatia e amore per tutti. Siate compassionevoli anche verso le persone che vi irritano, cercate di pregare per loro. Questo atteggiamento aiuterà la vostra mente a conservare la calma e la pace. Man mano che una persona progredisce, lo schema azione-reazione si allenta e il cuore si apre di più alle qualità positive come il perdono, la tolleranza e l'armonia.

29

È la condivisione generosa a donare bellezza e profumo al fiore della vita. Quando un fiore sboccia, il suo dolce profumo si diffonde tutto intorno. Allo stesso modo, quando l'amore disinteressato si risveglia in noi, fluisce verso il mondo come un fiume.

30

Dentro di voi c'è una sorgente d'amore: attingete a quella fonte nel modo giusto e l'Energia divina dell'amore riempirà il vostro cuore espandendosi all'infinito. Non potete fare in modo che questo accada, potete soltanto assumere il giusto atteggiamento interiore e tutto avverrà naturalmente.

31

Il vero amore dimora nel cuore. Non è possibile parlare di questo amore né descriverlo. Le parole appartengono all'intelletto, andate oltre le parole e il linguaggio, immergetevi nel cuore. Quando una persona ama veramente, il suo intelletto si svuota, non ci sono più pensieri né mente, non c'è più nulla: rimane solo l'amore.

32

L'amore e la bellezza sono dentro di voi. Cercate di esprimerli con le vostre azioni e toccherete sicuramente la sorgente stessa della beatitudine.

33

Svolgete il vostro compito e adempite ai vostri doveri con tutto il cuore. Cercate di lavorare con un atteggiamento altruistico e con amore. Quando vi donerete interamente in tutto quello che fate, percepirete in ogni vostra azione bellezza e amore.

34

Lo scopo della spiritualità è trasformare il nostro amore limitato in amore Divino. Concentriamoci dunque su ciò che possiamo dare agli altri invece che su quello che possiamo prendere e un grande cambiamento avverrà nella nostra vita.

35

Che sia spirituale o profano, l'amore è sempre amore: la differenza è solo nella profondità e nel grado. L'amore spirituale non ha limiti né confini, mentre quello profano è superficiale e limitato. Risvegliate in voi questa consapevolezza: "io sono il Supremo Sé, sono illimitato e ho in me un potenziale infinito".

36

Se il sole splende su mille vasi pieni d'acqua, creerà innumerevoli riflessi che rispecchieranno ognuno lo stesso sole. Analogamente, quando realizziamo chi siamo veramente, vedremo noi stessi in ogni persona. Quando raggiungiamo questa consapevolezza, impariamo ad avere considerazione per gli altri, senza curarci delle loro debolezze. Allora l'amore puro sorgerà in noi.

37

L'amore materno risvegliato è un amore e una compassione che non si provano solo per i propri figli, ma per tutte le persone, gli animali, le piante, le rocce e i fiumi, un amore che si estende alla natura intera, a tutte le creature. Chiunque, uomo o donna, abbia il coraggio di trascendere i limiti della mente può raggiungere questo stato di amore materno universale.

38

L'amore non conosce dualità, è pura unità. Nel costante e devoto assorbimento dell'amore, il tu e l'io cessano di esistere, si dissolvono e rimane solo l'amore. L'universo intero è racchiuso in quell'amore puro e indivisibile. L'amore è senza fine e abbraccia ogni cosa.

39

La difficoltà non sta nell'esprimere l'amore, ma nel lasciar andare l'ego. L'amore è la nostra vera natura, esso è già presente in noi ma i nostri limiti individuali ci frenano. Per fonderci nell'amore universale, dobbiamo superare la nostra individualità. L'ego è un ostacolo al fluire dell'amore: quando sarà rimosso, scorreremo come un fiume.

40

Il vostro cuore è il vero tempio, dovete installare Dio al suo interno. I buoni pensieri sono i fiori da offrire, le buone azioni gli atti di devozione, le buone parole sono gli inni e l'amore è l'offerta divina.

41

Nell'amore puro c'è una fame insaziabile. È possibile notare e avvertire questa fame anche nell'amore terreno, ma nell'amore spirituale essa raggiunge la massima intensità. Nel vero ricercatore, l'amore è simile a un incendio nella foresta, ma ancora più dirompente. Tutto il nostro essere brucia con l'intensità del fuoco dell'amore. In questo rogo veniamo consumati e infine ci fondiamo nel Divino.

42

L'amore non può essere insegnato da qualcuno o appreso da qualche parte, ma in presenza di un Maestro perfetto è possibile percepirlo e, con il tempo, svilupparlo. Un Satguru (un vero Guru) crea le circostanze favorevoli perché l'amore cresca dentro di noi. Le situazioni create dal Guru sono così belle e indimenticabili da diventare per noi momenti preziosi che serberemo per sempre come dolci ricordi.

43

Gli avvenimenti creati dal Guru produrranno una catena di inebrianti ricordi che provocheranno in noi ondate d'amore finché rimarrà solo l'amore. Attraverso queste circostanze il Guru rapirà il nostro cuore e la nostra anima e ci colmerà di amore puro e innocente.

44

C'è amore e Amore. Voi amate i vostri familiari: padre, madre, sorella, fratello, marito, moglie, ma non il vostro vicino. Amate vostro figlio o vostra figlia, ma non ogni bambino. Amate la vostra religione ma non tutte le religioni. Allo stesso modo, amate la vostra nazione ma non tutte le altre. Questo non è Amore, è semplicemente amore. Trasformare questo amore in Amore è lo scopo della spiritualità.

45

L'amore semplicemente accade, come un improvviso slancio del cuore, un inevitabile e imperioso richiamo struggente all'unione. Nessuno si sofferma a pensare a come amare o a quando e dove amare. Il pensiero razionale è un ostacolo all'amore. L'amore è al di là della logica, non cercate di essere razionali con lui. Sarebbe come voler spiegare perché il fiume scorre, la brezza è fresca e gentile, la luna splende, il cielo è immenso, l'oceano è vasto e profondo o il fiore è profumato e bello: la razionalità uccide la bellezza e il fascino di queste cose. Esse devono essere assaporate, vissute, amate e sentite. Se cercate di razionalizzarli, perderete la bellezza e il fascino dei sentimenti che l'amore evoca.

46

Non possiamo sottovalutare la responsabilità di una madre. La madre ha un'enorme influenza sui figli. Quando vediamo individui felici e in pace, bambini con nobili qualità e un buon carattere, uomini che mostrano grandissima forza interiore di fronte agli insuccessi e alle sventure, persone che rivelano grandi capacità di comprensione, empatia, amore e compassione verso chi soffre o che si donano interamente agli altri, scopriamo che spesso queste persone hanno avuto una madre straordinaria che le ha ispirate a diventare ciò che sono.

47

Le madri sono in grado più di chiunque altro di porre nella nostra mente i semi dell'amore, della fratellanza universale e della pazienza. Esiste uno speciale legame tra una madre e il suo bambino. Una madre trasmette le sue qualità interiori al figlio anche attraverso il latte materno. La madre capisce il cuore del bambino, lo colma d'amore, gli insegna le lezioni positive della vita e corregge i suoi errori.

48

Che l'albero della nostra vita sia fermamente radicato nel terreno dell'amore. Che le buone azioni siano le foglie di quell'albero, le parole gentili i suoi fiori, la pace i suoi frutti. Cresciamo e diventiamo un'unica famiglia unita nell'amore.

49

Trovare il proprio Sé e amare tutti allo stesso modo sono la stessa cosa. Solo quando imparerete ad amare tutti in modo equanime, assaporerete la vera libertà. Fino ad allora, sarete prigionieri, schiavi dell'ego e della mente.

50

Come il corpo necessita di cibo per mantenersi in vita e crescere, così l'anima ha bisogno d'amore. Neppure il latte materno può fornire la forza e la vitalità che trasmette l'amore. Viviamo tutti per il vero amore e aspiriamo ad esso. Nasciamo e moriamo cercando un tale amore. Figli, amatevi l'un l'altro e riunitevi in questo amore puro.

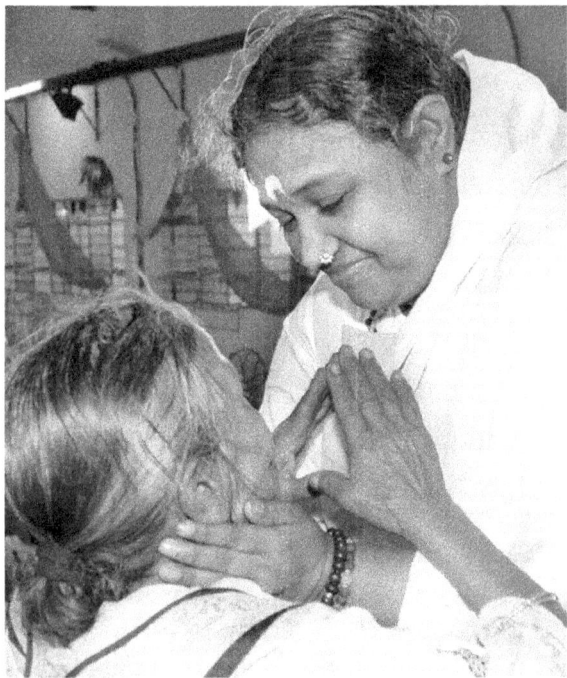

51

Nessuno ama qualcun altro più di quanto ami se stesso. Dietro l'amore, c'è sempre la ricerca egoistica della propria felicità. Quando un amico non soddisfa il nostro desiderio di felicità, si trasforma in nemico. Questo è quanto accade oggi nel mondo. Soltanto Dio ci ama in modo disinteressato. Possiamo imparare ad amare e a servire gli altri altruisticamente solo attraverso l'amore per il Divino.

52

L'amore puro è la migliore medicina per il mondo d'oggi. È ciò che manca in tutte le società e la sua assenza è la causa di ogni problema, a livello individuale e collettivo. L'amore è il collante, la forza unificatrice in tutte le cose. L'amore crea sentimenti di comunione fra gli individui, mentre l'odio e l'egocentrismo provocano divisioni e frantumano le menti delle persone. L'amore dovrebbe essere la nostra guida, non esistono problemi che esso non possa risolvere.

53

Per coltivare l'amore è necessario che vi siano le condizioni favorevoli alla sua crescita. Vivere alla presenza di un Maestro perfetto è il modo migliore per sviluppare l'amore. Il Guru vi aiuta creando le condizioni necessarie per riempire d'amore il vostro cuore. Tali circostanze non sono soltanto esteriori ma anche interiori. Il Guru agisce direttamente sulle vasana (tendenze latenti) del discepolo, che sono gli ostacoli più grandi sul sentiero dell'amore.

54

La vera crescita avviene nell'unione che nasce dall'amore. Il latte materno nutre il bambino, gli infonde forza e vitalità e gli consente di crescere in modo sano e armonioso. Quello che fluisce dal seno della madre non è semplice latte; in realtà, sono il calore, l'amore e l'affetto materno che hanno assunto quella forma. Allo stesso modo, l'amore è il "latte materno" che permette alla società di crescere come un tutto. L'amore fornisce la forza e la vitalità necessarie perché la società cresca senza divisioni.

55

I Mahatma sono il ponte che ci unisce a Dio. Essi non rifiutano nulla, come un fiume che nel suo corso abbraccia e accoglie tutto. Il piacere e il dolore sono come le due sponde della vita. I Mahatma le accettano entrambe con equanimità e vanno avanti, essi sono al di là dei pensieri e delle emozioni. Sono uniti a tutti ma non sono legati a niente. Un cuore colmo d'amore e di fede riuscirà facilmente a stabilire un legame con loro.

56

Il potere della fede incrollabile e dell'amore innocente può penetrare sfere inaccessibili alla logica e all'intelletto.

57

Potrete provare amore solo esprimendolo. Pratichiamo la spiritualità per imparare a perdonare gli errori altrui e ad amare le persone invece di respingerle. È facile rifiutare gli altri, ma è difficile accettare chiunque. Attraverso l'amore possiamo riportare le persone sulla retta via. Se invece le respingiamo per le loro mancanze, potrebbero continuare a commettere gli stessi errori.

58

Amiamo gli altri perché ci procurano felicità o soddisfano i nostri desideri, ubbidendoci, rispettandoci o tenendoci in grande considerazione. In caso contrario, non li amiamo. Se qualcuno ci odia, la vendetta prende spesso il posto dell'amore e questo può accadere anche con le persone più vicine a noi: se ci disobbediscono o ci mancano di rispetto, potremmo smettere di amarle. Nel vero amore non c'è egoismo. Dobbiamo riuscire ad amare senza aspettarci nulla da nessuno.

59

Nell'amore non c'è senso di inimicizia o di ostilità. Quando dalla mente scompare ogni sentimento ostile, essa si trasforma in amore e diventa come lo zucchero: tutti possono assaporarne la dolcezza senza dover dare niente in cambio. Quando siete capaci di amare e di servire l'umanità, diventate cibo per il mondo.

60

Figli, la nostra vera natura è l'Amore Divino che risplende in ognuno di noi. Quando il vostro cuore è colmo di amore innocente, non esistete più, l'ego non c'è più. In quello stato c'è solo l'amore, la vostra individualità scompare e diventate un tutt'uno con il Divino.

61

Non possiamo rifiutare quello che un bambino ci offre perché il suo amore è incontaminato e puro. Quando dimorate in un amore autentico e innocente, non esistono sentimenti duali come purezza o non purezza, bene o male, e così via. C'è solo amore. L'amore puro non può essere rifiutato.

62

L'amore semplicemente fluisce. Chiunque desideri tuffarsi e immergersi in esso sarà accettato così com'è, senza condizioni o requisiti. Cosa può fare l'amore se non siete disposti a tuffarvi? Continuerà a scorrere senza dire mai "No", ma continuamente "Sì, sì, sì".

63

Aprendovi, scoprirete che il sole brillava e il vento soffiava sempre, portando con sé il dolce profumo dell'Amore divino. Non ci sono condizioni, nessun bisogno di usare la forza. Lasciate semplicemente che la porta del vostro cuore si apra e scoprirete che non era mai stata chiusa. Questa porta è sempre stata aperta, ma nella vostra ignoranza pensavate che fosse chiusa a chiave.

64

Il vero amore sorge solo quando cadono tutti gli interessi e gli attaccamenti per le persone e le cose. Quando siamo mossi dall'amore e dalla compassione, il conflitto si trasforma in una splendida opera di servizio disinteressato che si estende a tutto il genere umano. Il vostro ego non parteciperà a questa lotta, sarà l'amore a combattere, per consumare l'ego e trasformarlo in amore. L'ombra della paura scompare solo alla luce dell'amore.

65

In quest'era dell'intelletto e della ragione, l'era della scienza, abbiamo dimenticato i sentimenti che nascono dal cuore. In inglese, la traduzione letterale di "innamorarsi" è "cadere nell'amore". Ed è proprio così: siamo caduti in un amore che affonda le sue radici nell'egoismo e nel materialismo. Non riusciamo a rialzarci e a risvegliarci all'amore. Se dobbiamo cadere, cadiamo dalla testa al cuore. Elevarsi nell'Amore: questa è la spiritualità.

66

Quando amiamo qualcosa, un flusso di pensiero costante e incessante scorre verso quell'oggetto, tutti i nostri pensieri sono rivolti ad esso. Per amare veramente abbiamo bisogno di concentrazione e per essere davvero concentrati dobbiamo provare amore per un oggetto, qualunque esso sia: l'uno non può esistere senza l'altro. Durante i suoi esperimenti, lo scienziato ha bisogno di molta concentrazione. Da dove la trae? Da un profondo e intenso interesse per quell'argomento. Da dove nasce un tale interesse? Dal grande amore per quel particolare oggetto o campo di studio. Al tempo stesso, concentrandoci intensamente su un argomento inizieremo ad amarlo.

67

Dovremmo cercare di vedere le cose come sono veramente. La natura di ogni cosa, che sia un oggetto o una persona, non può essere diversa da quella che è. Se capiamo questo, saremo in grado di rispondere invece di reagire alle situazioni. Non possiamo cambiare l'indole delle persone attraverso la collera: solo l'amore può trasformarle. Capite questo e pregate per il loro bene con sincerità e amore, cercate di essere compassionevoli anche verso chi vi ha turbati. Un tale atteggiamento aiuterà a calmare e a pacificare la nostra mente. Questa è una risposta genuina.

68

Ciò che è impuro dovrebbe diventare puro. L'impurità dovrebbe interamente sciogliersi e sparire nel calore che nasce dal dolore della separazione e dallo struggimento per l'Amore divino. Questa sofferenza è nota come tapas. Attraverso questo dolore, le gopi si identificarono completamente con Krishna. Il loro tormento era talmente intenso e straziante che la loro individualità scomparve ed esse si unirono al loro adorato Krishna. L'impurità è causata dai sentimenti di io e mio che costituiscono l'ego. Si può sradicare l'ego solo bruciandolo nella fornace dell'amore.

69

È possibile fare l'esperienza dell'amore vero solo se non si pongono condizioni. Quando c'è l'amore nulla può essere forzato; si usa la forza soltanto quando si percepisce l'altro come diverso da sé. L'amore condizionato non può esistere quando c'è solo unità. In tale stato di unione, persino il concetto di forza viene meno: semplicemente, siete. Quando diventate un canale aperto, la forza vitale dell'universo fluisce attraverso di voi. Lasciate che la Coscienza Suprema assuma la guida e rimuova ogni impedimento al suo scorrere, permettendo al fiume dell'amore che tutto abbraccia di seguire il suo corso.

70

Nel vero amore non c'è attaccamento. Per realizzare l'Amore supremo è necessario trascendere tutti i futili sentimenti umani. In altre parole, esso sorge solo quando compare il distacco. L'amore richiede un enorme sacrificio di sé. Anche se in alcuni momenti può provocare grande dolore, il vero amore culmina sempre in una beatitudine senza fine.

71

Nell'amore puro non c'è nessun peso. Niente può essere un fardello nell'amore privo di desideri. Il vero amore può sostenere l'universo intero senza sentirne il peso. La compassione può caricarsi sulle spalle la sofferenza del mondo intero senza il minimo dolore.

72

Soltanto Dio ci ama veramente e non si aspetta nulla in cambio. Figli, anche se tutte le creature del mondo ci amano, questo amore non può eguagliare neppure un frammento dell'amore che riceviamo in ogni momento da Dio. Nessun amore è paragonabile all'amore di Dio.

73

All'ultimo stadio dell'amore, l'amante e l'amato diventano un tutt'uno. Al di là, c'è uno stato in cui non esistono amore, amante o amato. Impossibile descrivere questo ultimo stato dell'Amore, questo è il posto in cui vi condurrà infine il Maestro.

74

La bellissima melodia che si diffonde dal flauto non è nello strumento e neppure nelle dita del musicista. Potreste dire che viene dal cuore del compositore ma, se apriste il suo cuore, non la trovereste neanche lì. Qual è quindi la fonte della musica? La fonte si trova su un altro piano, scaturisce dal Paramatman, dal Sé supremo, ma l'ego non riesce a riconoscere questo potere. Solo se imparerete a lasciarvi guidare dal cuore, potrete veramente vedere e sentire il potere del Divino nella vostra vita.

75

Un fiore non ha bisogno di istruzioni per sbocciare. Nessuno insegna all'usignolo a cantare. Tutto accade spontaneamente, non c'è bisogno della forza, è un processo naturale. Allo stesso modo, in presenza di un grande Maestro, il bocciolo del vostro cuore si apre e diventate ricettivi e innocenti come un bambino. Il Maestro non vi insegna nulla, imparate ogni cosa senza che vi venga insegnata. La sua presenza, la sua stessa vita, è l'insegnamento più alto. Non c'è nessuna forma di controllo o di costrizione, tutto accade spontaneamente e senza sforzo. Soltanto l'amore può creare questo miracolo.

76

Un rishi (santo) non crea mai divisioni nella vita. Egli è in grado di amare veramente perché ha indagato a lungo sui misteri del suo stesso Sé, l'essenza stessa della vita e dell'amore. Egli vede vita e amore ovunque. Per lui esistono soltanto la vita e l'amore, in tutto il loro splendore e gloria. Il saggio è quindi il "vero scienziato" perché conduce esperimenti nel laboratorio interiore del suo essere e dimora in uno stato indiviso d'amore.

77

Quando non ci sono desideri, non c'è sofferenza. Dobbiamo essere in grado di amare ogni persona senza aspettarci nulla in cambio. Non è facile amare chiunque, ma possiamo almeno sforzarci di non arrabbiarci con nessuno o di non ferire i sentimenti altrui. Cominciamo da qui. Immaginate che ogni persona sia stata inviata da Dio e riuscirete a essere gentili e amorevoli con tutti.

78

Una persona spirituale dovrebbe diventare come il vento. Sentire l'unità della vita espande la nostra mente, allarga il nostro cuore e diffonde amore in tutto il creato. Oltre a ricordare Dio, dovremmo innanzitutto avere amore verso ogni cosa e ogni essere, senziente e non senziente. Se abbiamo una tale grandezza d'animo, la liberazione non sarà molto lontana.

79

L'amore puro trascende il corpo: è tra i cuori, non ha niente a che vedere con il corpo. Nel vero amore non ci sono barriere né limiti. Anche se il sole è lontano, i fiori di loto si schiudono alla sua luce. Nel vero amore, la distanza non esiste.

80

L'amore è l'unico linguaggio che tutti gli esseri viventi possono capire. È universale. La pace e l'amore hanno per tutti lo stesso significato. Come il miele, l'amore è sempre dolce. Siate come l'ape che raccoglie il nettare dell'amore ovunque va, cercate il bene in ogni persona e in ogni cosa.

81

Vi sono tre espressioni dell'amore che provocano il nostro risveglio interiore: l'amore per se stessi, l'amore per Dio e l'amore per tutta la creazione. L'amore per se stessi non è amore egocentrico, ma amore per la vita: significa vedere i successi e i fallimenti di questa esistenza umana come una benedizione di Dio, amando al tempo stesso il potere divino che è in noi. Crescendo, questo amore si trasforma in amore per Dio. Quando questi due tipi di amore sono presenti, allora il terzo, l'amore per tutta la creazione, si manifesterà spontaneamente.

82

Solo il cuore può guidare una persona, ma noi ci siamo dimenticati del cuore. In realtà, l'amore non ha forma: assume una forma solo quando fluisce attraverso una persona ed è allora che possiamo farne l'esperienza. Diversamente, questo non sarebbe possibile. Come un fiore che sboccia, il vostro cuore si aprirà spontaneamente in presenza di una persona che abbia un cuore traboccante d'amore e di compassione. Il bocciolo del vostro cuore si schiude di fronte all'amore.

83

L'amore non può imporsi con la forza. L'amore è la presenza della Pura Coscienza. Questa presenza non può costringere: essa, semplicemente, è. L'energia dell'amore puro è dentro di voi, deve soltanto svegliarsi.

L'amore terreno è per sua natura incostante, segue un ritmo mutevole, va e viene. All'inizio è sempre bello ed entusiasmante, ma diventa via via sempre meno bello e meno emozionante, fino a diventare superficiale. Nella maggior parte dei casi, l'amore terreno culmina in grande disagio, odio e profondo dolore. Al contrario, l'amore spirituale è come un pozzo senza fondo, la sua estensione e la sua profondità sono insondabili.

85

L'amore spirituale è diverso da quello del mondo. In principio l'amore spirituale dona piacere e pace, ma presto cominceremo a provare uno struggimento che aumenterà sempre di più, fino a diventare insopportabile. Durante questo percorso soffriremo terribilmente e vivremo questo tormento fino a quando saremo sul punto di congiungerci con l'Amato. Rispetto all'inizio dell'amore, questa unione è indicibilmente più bella. L'amore spirituale non si inaridisce né diminuisce, è sempre vivo, dentro e fuori di noi. In ogni momento viviamo nell'amore.

86

L'amore vi inghiottirà, vi divorerà fino a quando "voi" scomparirete e resterà solo l'amore. Tutto il vostro essere verrà trasformato in amore. L'amore spirituale culmina nell'unione, nell'unità.

87

Dio risiede profondamente nel nostro cuore sotto forma di innocenza e amore puro. Dovremmo imparare ad amare chiunque in modo equanime e ad esprimere questo amore perché, in essenza, siamo un tutt'uno, un solo Atman, una sola anima. L'amore è il volto di Dio.

88

L'essenza dell'amore materno non è limitata alle donne che hanno avuto figli, è un principio insito sia nelle donne che negli uomini. È un'atteggiamento mentale. È amore, e questo amore è il respiro stesso della vita. Quando l'amore materno universale si risveglia in noi, l'amore e la compassione verso tutti diventano parte del nostro essere, come il respiro.

89

L'amore sostiene ogni cosa. Se esaminiamo attentamente ogni aspetto o sfera della vita, scopriremo che l'amore si cela dietro tutto quello che accade. Esso è il potere, l'energia e l'ispirazione dietro ogni parola e azione.

90

Quando imparerete ad amare tutti allo stesso modo, raggiungerete la vera libertà. Non c'è libertà senza amore e non ci può essere amore senza la libertà. Solo quando la nostra negatività verrà sradicata potremo essere finalmente liberi. In quello stato di amore che tutto abbraccia, il fiore profumato della libertà e della beatitudine suprema schiuderà i suoi petali e sboccerà.

91

Diventando più sottile, l'amore acquista forza. Mentre raggiunge le profondità del cuore, scoprirete che vi state elevando nell'amore. Arriverete infine a una condizione di totale identificazione con l'Amato, in cui vi renderete conto che non siete separati. In questo momento diventerete un tutt'uno. Questo è lo stadio ultimo, il culmine dell'amore vero, ed è qui che l'amore dovrebbe condurci.

92

Siamo tutti incarnazioni dell'Amore Supremo. L'amore può essere paragonato a una scala. Molti si fermano al primo gradino, ma voi non rimanete lì, continuate a salire, un gradino alla volta. Salite dal livello più basso al più alto, dalla sfera delle emozioni al più elevato stato dell'essere, la forma più pura dell'amore.

93

L'amore vero è la forma più pura di energia. In questo stato, l'amore non è un'emozione ma un flusso costante di pura consapevolezza e infinito potere. Un simile amore è paragonabile al respiro. Non direte mai: "Respirerò solo davanti alla mia famiglia e ai miei parenti, mai vicino ai miei nemici e alle persone che odio". Ovunque siate e qualunque cosa facciate, il respiro avviene spontaneamente. Allo stesso modo, il vero amore dona a tutti senza fare differenze e senza aspettative. Siate dei donatori invece di limitarvi a prendere.

94

Sono la cura e la pazienza che mostriamo nelle piccole cose a permetterci di ottenere grandi risultati. Se avete pazienza, avrete anche amore. La pazienza porta all'amore. Se cercate di aprire a forza i petali di un fiore, non potrete godere della sua bellezza e del suo profumo. Solo quando sboccia naturalmente, il fiore diffonde il suo profumo e il suo splendore. Allo stesso modo, per assaporare la bellezza nella vita dovete essere pazienti.

95

Orecchini, braccialetti, anelli e collane sono tutti, in essenza, oro: solo il loro aspetto è diverso. Allo stesso modo, un'unica divinità onnipervadente appare nella forma di questo mondo di molteplici nomi e forme. Quando avremo compreso fino in fondo questa verità, essa trasparirà da tutti i nostri pensieri, parole e azioni come amore, compassione e altruismo.

96

Il vero servizio è prestare aiuto senza aspettarsi nulla in cambio. Questa è la forza che sostiene il mondo. Possiamo paragonare l'amare e il servire con dedizione a un cerchio perché, come l'amore, il cerchio non ha inizio né fine. Attraverso il servizio altruistico possiamo costruire un ponte d'amore che ci unisce.

97

Nessun lavoro è insignificante o inutile. La quantità di amore e dedizione con la quale l'avete svolto gli dona significato e bellezza. La grazia scende sul lavoro fatto con umiltà. L'umiltà infonde in esso dolcezza.

98

Come l'amore, l'abbandono non si impara dai libri, da un insegnante o all'università. L'abbandono arriva man mano che l'amore cresce. In realtà, l'amore e l'abbandono crescono simultaneamente. Alla fine dovremo abbandonarci al nostro vero Sé, ma un tale abbandono richiede molto coraggio. Per sacrificare il nostro ego abbiamo bisogno di un'indole coraggiosa: questo significa accogliere e accettare ogni cosa senza provare dolore o amarezza.

99

L'intelletto e il cuore dovrebbero diventare un tutt'uno; allora la grazia divina scenderà in noi e renderà completa la nostra vita.

100

Per progredire sul cammino spirituale abbiamo bisogno dell'amore per Dio. L'amore per Dio non è soltanto amore per una persona, un'immagine o un idolo. Questo è solo l'inizio. Amare veramente Dio significa amare ogni aspetto della creazione e vedere il Divino in ogni persona e in ogni cosa.

101

Se osservate un fabbro al lavoro, lo vedrete arroventare l'asta di ferro e batterla con il martello per creare la forma desiderata. Così come è necessario arroventare l'asta, allo stesso modo permettete al Guru d'infiammare il vostro cuore con l'amore e di plasmarlo con il martello della conoscenza.

102

Solo chi ha ricevuto amore può donarlo. Il cuore di chi non l'ha mai ricevuto rimarrà sempre chiuso e non riuscirà ad accettare o a dare amore. È molto importante che i genitori donino amore ai propri bambini.

103

Chi è in grado di amare tutti in modo equanime ama veramente Amma.

104

Quando capiremo la futilità dei nostri attaccamenti alle cose del mondo e quanto sia sublime l'amore di Dio, sapremo rinunciare a tutti gli attaccamenti. Accade la stessa cosa ai fiori che appassiscono perché l'albero possa dare i suoi frutti: quando i frutti cominciano a crescere, tutti i fiori cadono spontaneamente.

105

L'amore che ricevete è proporzionato all'amore che donate.

106

Figli, tutto l'amore che il mondo ci offre si trasformerà alla fine in dolore. In questo mondo non esiste un amore disinteressato. Crediamo che l'amore dagli altri possa renderci felici, ma la felicità non si trova in nessun oggetto, è dentro di noi. La vera felicità e la pace eterna provengono unicamente dall'Amore divino e l'Amore divino si manifesta solo quando vediamo l'unità della creazione.

107

L'ego può essere spezzato solo attraverso il dolore che nasce dall'amore. Come un germoglio spunta soltanto quando il guscio che l'avvolge si apre, così anche il Sé si manifesta quando l'ego si spezza e si dissolve. Quando ci sono le condizioni favorevoli, l'albero che è contenuto in potenza nel seme comincia a sentire il dolore di essere imprigionato nel guscio e desidera la luce e la libertà. È l'intenso desiderio dell'albero che dorme nel seme a far aprire il guscio. Questa rottura è certamente dolorosa, ma questo dolore è insignificante di fronte alla magnificenza dell'albero. Quando il germoglio è spuntato, il guscio perde d'importanza. Allo stesso modo, quando abbiamo realizzato il Sé, l'ego non ha più valore.

108

L'amore puro, altruista e incontaminato,
è il ponte che ci unisce a Dio.

www.ingramcontent.com/pod-product-compliance
Lightning Source LLC
Chambersburg PA
CBHW070608050426
42450CB00011B/3014

* 9 7 8 1 6 8 0 3 7 3 9 9 8 *